# 幸福の科学大学の目指すもの

## ザ・フロンティア・スピリット

九鬼一

HAJIME KUKI

幸福の科学大学（仮称）は、2015年開学に向けて設置認可申請中です。
構想内容については変更の可能性があります。

# まえがき

理想、夢、志は人をひきつけます。

2015年の開学に向けて現在準備を進めている〝幸福の科学大学の目指すもの〟について、現役学生や予備校生たちと語り合ったのが本書です。若者たちが、大学というものに、何を求め、何に不満を持っているのかを知る貴重な機会となりました。同時に、私たちが追い求める理想は、若者たちと十分に分かち合えることを実感できました。

彼らの期待に応えるためにも、全力で理想の大学を創りたい。

そして、本学の創立者である大川隆法・幸福の科学グループ創始者兼総裁の示す教育の理想を、なんとしても実現したい。

本座談会により、そう決意を新たにした次第です。

二〇一四年　六月一八日

学校法人幸福の科学学園副理事長（大学設置構想担当）

九鬼《くき》一《はじめ》

# 幸福の科学大学の目指すもの　目次

幸福の科学大学（仮称）は、2015年開学に向けて設置認可申請中です。
構想内容については変更となる可能性があります。

# 幸福の科学大学の目指すもの

## ―ザ・フロンティア・スピリット―

二〇一四年六月十六日　収録
東京都・幸福の科学総合本部にて

# 幸福の科学大学の目指すもの

## ――ザ・フロンティア・スピリット――

二〇一四年六月十六日　収録

東京都・幸福の科学総合本部にて

座談会参加者　※役職、学年などは収録時点のもの

九鬼《くき》一《はじめ》（学校法人幸福の科学学園副理事長〔大学設置構想担当〕）

一九六二年東京生まれ。一九八四年早稲田大学法学部卒業。大手石油会社を経て、一九九三年宗教法人幸福の科学入局。指導研修局長、幸福の科学出版（株）代表取締役社長などを歴任し、二〇一二年二月より学校法人幸福の科学学園理事長、二〇一三年十一月より現職。

H・T（早稲田大学教育学部一年生。幸福の科学学園那須本校二期生）

K・M（慶應義塾大学文学部一年生。幸福の科学学園那須本校二期生）

D・S（予備校生。幸福の科学学園那須本校二期生）

M・K（予備校生。幸福の科学学園那須本校二期生）

司会

鈴木《すずき》豪《つよし》（宗教法人幸福の科学理事〔兼〕学生局長）

幸福の科学大学（仮称）は、2015年開学に向けて設置認可申請中です。

# 1　幸福の科学大学の特徴とは

## 信仰を持っている教師の魅力

司会　皆さま、こんにちは。

本日は、二〇一五年開学予定の「幸福の科学大学の目指すもの」と題しまして座談会を開かせていただきたいと思います。

こちらに、学校法人幸福の科学学園副理事長（大学設置構想担当）の九鬼《くき》一《はじめ》さんをお招きしました。

これから、幸福の科学学園を卒業した現役大学生二名と、幸福の科学大学を目指す学生二名を交えて、語り合っていただきたいと思います。それでは、まず学生の皆さんから質問させていただきたいと思います。

九鬼　はい。

K・M　本日は、貴重な機会をいただいて、まことにありがとうございます。

九鬼　こちらこそ。

K・M　私は、慶應義塾《けいおうぎじゅく》大学文学部一年生の、K・Mと申します。よろしくお願いいたします。

九鬼　はい。よろしくお願いします。

K・M　私自身、実際に、慶應義塾大学で二カ月ほど学んだところですが、大学で学んでいる学問が、実社会でどのように生かされるのかということが、今まったくイメージできないんです。

九鬼　はい。

K・M　実用性といいますか、プラグマティズム（実際的な考え方、実用主義）のところが、今の大学には足りないのではないかと思うのです。このたび、幸福の科学大学という新しい大学ができる予定とのことですが、そういった観点から、幸福の科学大学が、ほかの大学とどのような違いがあるのか、また、どのような学問が学べるのかを、お伺いしたいと思います。

九鬼　はい。分かりました。

幸福の科学大学には、教員の候補として、慶應義塾大学を卒業された先生も集まってきてくれています。私は、その先生と、「幸福の科学大学の授業をこういうふうに進めたい」という話をしました。

その先生は、あなたと同じ慶應義塾大学の文学部を卒業して、大学院で修士課程、博士課程と進まれたそうですが、やはり、当時教わっていた教授から「大学院まで行くと、就職はなかなか難しくなるよ」と言われていたそうです。特に文学系、人文系だと難しいと言われながらも、大学院に行かれたらしいのです。ですから、どちらかというと、文学部などでは、「就職のことをあまり考えずにいる学生も多いのかなあ」とは思います。

　その先生は、幸福の科学大学の人間幸福学部に来てくださる予定です。今は、慶應ではない別の大学で教えておられますが、「そこで、できなかったことを、幸福の科学大学でやりたいんだ」とおっしゃっていました。

　何ができなかったかというと、堂々と信仰告白をして、その信仰のもとに、「こういうものは、こういうふうに考えるんだよ」などということが、言えなかったのです。

　その先生は、文学の先生ですけれども、「こういう文学は、こういうふうに見ていったら面白いよ。こう読んでいったら面白いよ」とか、映画なども、「こういうふうに見たら面白いよ」とか、堂々と信仰の観点からの意見は言えないわけです。

　文学作品や映画作品のなかには、「実は、これは、あの世のことを言っているんだ」とか、「『転生輪廻《てんしょうりんね》』のことを、こういうふうに表現しているんだ」とか、そういう作品はたくさんあるわけですよ。

けれども、「今の大学では、そういうことを堂々と言うと、『あの人は、おかしい』などと言われてしまう」と言っていました。

その先生は、幸福の科学の信者であるということが、ほかの先生方にも、大学の当局にも分かってしまっているので、「学生に伝道していないか、ということを監視《かんし》されている。それで、そういうことを一切、言えなくなっている」と言うんですよね。

幸福の科学大学では、集まってくる学生は、もうその名称からして、幸福の科学のことをよく分かって来てくれているに違いないし、信者の子弟の方も多いと思うので、「堂々と、今まで授業で言えなかったことを言うんだ」と言っていました。

それで、「今から、もうワクワクしている」ということで、シラバス（講義要項）を練り直しながら、「自分は、こういう講義をする」というのを、シミュレーションされているんですね。

そのような方々が教壇《きょうだん》に立って、そうした先生から授業を受けられるとするならば、今、あなたが受けている授業とは、たぶん、違うだろうと想像できるでしょう？

Ｋ・Ｍ　そうですね。

九鬼　ええ。ですから、「なるほどな。そういう感じの授業を受けられるんだ」というふうに考えると、少し興味は湧くと思うんですね。

## 既存の学問を体系的に学べる人間幸福学部

九鬼　その先に、先ほど言われていた、「就職などに役立つような授業なのか」という問題があります。幸福の科学大学では、宗教のことだけを勉強するわけではありません。

人間幸福学部では、例えば、民俗学であるとか、神話の世界であるとか、あるいは、「ほかの宗教がどのように成り立っていて、どのように教学を教えているのか」などということも含めて、授業のなかで、きちんと勉強することができます。もちろん、日本や世界の歴史や文化、こうしたものも学べます。

そうしたものと比較して、みなさんが学んできた「仏法真理《ぶっぽうしんり》」というものが、「どのように位置づけられ、そして、これから先の未来をどのように引っ張っていこうとしているのか」ということが分かる授業が展開されていくと思っていただくとよいのではないでしょうか。

それから、プラグマティックなことについては、特に、英語に力を入れます。「英語総合プログラム」というものを、一年生のときにきちんと勉強します。

二年生からは、「上級英語」のほうで、選択制で、また課外授業として取っていただくようなかたちになっています。

2014年5月6日、東京都のユートピア活動推進館で開催された「幸福の科学大学公開説明会2014」。全国から高校生や保護者が集まり、大学構想について聞いた。

ほかの科目もたくさんありますので、しっかり勉強すれば、世の中に出て、「これは英語ができる」という人間になることができます。

特に人文系では、その方面の才能がけっこうある人が集まってくると思うので、頑張ってください。

絶対、すごいことになると思いますよ。

まあ、あなたは、慶應義塾大学に行かれているので、幸福の科学大学のほうに引っ張ってはいけないのかもしれないですが（笑）。

K・M　（笑）

九鬼　そういうかたちで、期待していただければ、ありがたいなと思います。

K・M　はい。

## 2 宗教と学問が融合された「宗教大学」で学ぶメリット

### 「現在の延長線上にない考え方」が未来を拓く

K・M　今、宗教性のところについてお話を伺ったのですけれども、今の大学というのは、神秘的な部分と、合理的な学問の部分を、けっこう切り離して考える傾向があるのかなと思います。

「未来を引っ張る」という話もありましたが、未来を引っ張っていくリーダーを、幸福の科学大学から輩出していくにあたって、宗教性の部分を、大学生のうちに学ぶということは、どのような利点があるとお考えでしょうか。

九鬼　はい。これはね、とても大事なことだと思うんですよ。

今、宗教と学問というものを切り離して、要するに、神秘的なものは裏側に回して、そうでない部分だけで考える学問になっているのですが、それはそれで、発達してきた面はあるんだと思うんですね。

ところが、これから先を考えたとき、今の延長戦上だと、どうでしょうか。何かが〝大爆発〟して大きくなるような、そのような「発展の未来」というのを描《えが》けますか？

何となく日本は低成長だし、世界は混沌《こんとん》としているし、科学技術についてもそうですが、「このままでいいのだろうか」というような感じを受けないですかねえ。どうですか？

D・S　（笑）そうですね。やはり、宇宙や、海底のほうも、僕は少し気になったりもするんですけれど……。

国が、そういう成長産業の分野には手を入れずに、社会福祉などの分野についてはさかんに手を入れているという点、「何か違うのではないか？」ということを、学生の私たちも思っているのですが。

九鬼　そうですよね。六月に政府から示された、「骨太《ほねぶと》の方針」素案《そあん》の内容にも、「人口一億人を維持する」とありました。

成長戦略なのに、「一億人を維持する」というレベルの話は、ちょっと、どうでしょうか。実際に計算すると、そういうことになるのだろうとは思うのですが、残念ながら、あまり夢のある話ではないですよね。

学生にとってみれば、そういう話をずっと聞かされていると、「何か、将来、閉塞感《へいそくかん》があるなあ」という感じがしませんか？

もちろん、福祉はとても大事なことではありますが、「現状のままでは、福祉に夢があるとは、それほど感じられないのかな」とは思うんですよ。

そのように考えてみると、現代の学問に欠けてるもののなかに、新しい時代をつくるものがあると思うんです。

学問と宗教とを分けてしまい、この世だけの学問の世界でやってきたのだけれども、行き着いた物質文明というものが、ある意味で行き詰まりを見せているところがあります。そういう「マクロの認識」があるわけです。

## 大学の始まりは神学校だった

九鬼　これに対して、幸福の科学大学では、宗教というものに、もう一度、焦点をあてて考え直してみようとしています。そもそも大学というのは、「神学校」、〝神の学校〟から始まっているんです。

ハーバード大学もそうですし、どの大学にも「神学部」があり、牧師や聖職者を養成するところから始まっているわけです。

日本の大学もそうですよ。比叡山もそうですし、奈良仏教の時代もそうですね。弘法大師空海が勉強したところも、「大学」というところだったわけです。やはり原点に帰って、宗教というものをもう一度よみがえらせて、それをきちんと「表の世界」で論じられるような、そういう大学にならなければいけないと思っています。

先ほども、幸福の科学大学では、「転生輪廻」などを前提とした授業ができるという話をしましたが、今は、学問と宗教とが切り離されてしまっているので、他の大学では、それがやれないわけです。

けれども、「目には見えない世界のことを堂々と言えるようになったら、どうなるのか」と考えてみると、新しい地平線が開けていくことになります。

「こんなものは、認められない」という常識、括弧《かっこ》つきの「常識」を取り払い、「学問の自由」を研究し、そして発表し、それを学び、そしてまた考えて、自分なりに進化させていく。

こうしたことができるというのが、幸福の科学大学のよさだと思います。

もちろん、学問的にしっかりと詰めていかなくてはならないことはたくさんあると思いますが、そうしたことを試みながら、新しい地平を拓いていくための学問を、これから、

ハーバード大学敷地内の教会。神学部から始まった同大は、アメリカ建国より100年以上早く開学され、同国の屋台骨を築いた。

どんどんつくりあげていくつもりです。
そういう学問の進化にあたって、物質文明のなかだけで考えるのと、もっと広い世界、霊的な世界があるのだということを前提として考えるのとでは、その可能性はどちらが大きいと思いますか?

D・S　それは後者のほうが大きいです。

九鬼　(うなずいて)大きいですね。

D・S　今までの物質的な視点からは見えなかった部分で、新しい世界が広がっていく、さらに、今までなかった可能性が開けてくるというのは、すごく分かりました。

九鬼　そうでしょう？　例えば、自分の人生を、現在、生きている百年とか、その程度の範囲だけで考えるのと、「もっと長い転生輪廻があって、長い未来があるんだ」と思って、今の時点を考えるのとでは、全然違うわけですよ。

例えば、高校時代、期末テストの前に、「期末テストのことだけを考えて勉強するのと、受験や、その後、仕事をして、どのような人生を歩むのかということを考えて勉強するのとでは、違いますよ」と習っていたでしょう？

大きく考えてみたら、それと同じなんです。この世の人生は、「受験勉強だ」と思えばいいんです。長い転生輪廻があれば、もっと長い人生があるわけですから、その視点から今世《こんぜ》を考え、そして、「今世で何をなすべきか」ということを考えて、しっかり努力していくほうが、全体としては、「ああ、素晴らしい魂修《たましいしゅ》行《ぎょう》ができている」ということになりますから。

また、そういう考え方で生きる人が増えたら、社会に対する影響も、すごくプラスになると思いますよ。

そういうことを考えると、学問と宗教を分けて、神秘的なものを「裏側」に持っていくのではなくて、宗教も「表」に出して、それも含めて、全体を学問としてしっかりと進化させていけるような、そういう大学でありたいなと思います。今、残念ながら、そういう大学は見当たりません。

日本には、八百ぐらい大学がありますが、その八百のなかで、一つ、そういう大学があることが、日本や世界の未来を拓くための大きな大きな第一歩になると思うんです。

そのように考えて、今、この幸福の科学大学を開学させようとしています。

D・S　ありがとうございます。

# 3 「進化する大学」の卒業生はどんな人間になるのか

## フロンティア・スピリットのある人間

H・T　次に、私から質問させていただきます。

九鬼　はい。

H・T　私は、早稲田大学教育学部一年生のH・Tと申します。

幸福の科学大学は、「進化する大学」だと聞きました。それは、どのように進化していくという意味でしょうか？　それから、幸福の科学大学の卒業生のイメージを教えていただけたらと思います。

九鬼　分かりました。今年、四月の終わりに、創立者でもある大川隆法総裁が、今、千葉県に建設中の幸福の科学大学のキャンパス予定地を、ご視察に行かれました。

私も、ご案内申し上げましたが、映像などで、そのときの様子をご覧になった方もおられると思います。

ちょうど、建設中の学生寮のところをご覧になっているときでしたが、総裁先生は、「これは、進化する大学だ」と言われました。

さらに、「学生たちも、もう、いろいろなことをやるだろう。だから、頭を柔らかくしていないと駄目だよ」と言われたのです。

着々と準備が進む、幸福の科学大学の建設予定地（写真上、下段左）。2014年4月には、同地を、大川隆法総裁と大川紫《し》央《お》総裁補佐が視察に訪れた（写真下段右）。

「新しい大学をつくっていくんだ」というふうにおっしゃっているんですね。皆さま方は、大学のイメージというものは、今、すでにできあがっている大学へ行って、そこで何かを学べると考えていると思うのです。「この大学だと、こういうことが学べて、こちらの大学だと、こういう校風があって、こういう授業がある」ということですね。H・Tさんであれば、早稲田大学の教育学部で、「こういう勉強があるから、そこに行くんだ」ということかと思いますが、それはそれでいいと思います。

ずっと続いてきている大学でしたら、だいたい分かっているわけですよね。先輩に訊《き》くと、「こんな感じの大学だよ」ということで、教えてくれるわけです。しかし、これから始まる大学というのは、そう数があるわけではありません。それは、どういうことかというと、「あなたがたも大学をつくれる。学生がクリエイトできる」ということです。

ですから、受動的に学ぶだけではなく、「大学を新たにつくっていく一員として、一人のメンバーとして活躍できる」ということを意味しているのです。

これは、すごく貴重な経験です。幸福の科学学園中学校・高等学校の一期生として入学してきた生徒が、「学園は、自分たちでつくるんだ」と言っていましたが、あの感覚が、大学という、もっと大きなフィールドで、これから行われようとしているわけです。一度、幸福の科学学園の中高をつくったときに経験していることの〝大学版〟なんですね。

集まってこられる先生方も、ここで、新しいものをつくろうと燃えて、先ほど述べたような、「今までの大学ではできなかったようなことを、ここでやるぞ。研究するぞ」と思って教育する。そういう先生方が来られるわけです。

集まってくる学生も、「どんな大学になるのか」と思って来るし、「自分たちが、この大学の校風や伝統をつくっていくんだ。切り拓いていくんだ」という、まさに、フロンティア・スピリット、開拓者精神を、もう最初から試されるというか、身につけることができる。そのような大学になっていきます。

そういう意味では、「皆さんと一緒につくっていく。教職員と学生と一緒に、この幸福の科学大学のカルチャーをつくっていく」ということができると思います。

学生のほうが、人数は多いですからね。力はありますよ。

そのように思っていただければ、ありがたいと思いますし、そういう経験をして卒業していった学生は、やはりフロンティア・スピリットを持った学生になるはずです。絶対、そうなると思います。

他《ほか》の、伝統のある大学に入って、そこで、おとなしく授業を受けていた人とは違ってくるはずです。

ゼロからスタートして、新しい大学をつくってきたということを、就職のときでも、何かの折りにでもアピールして、世の中へ出て、「いや、私は他の大学を卒業した人とは違います。ゼロから大学をつくりました。みんなで一緒になって、新しいものをつくったんです」ということを堂々と言って、それで世の中で活躍していく。私は、そのような卒業生のイメージを持っています。

ですから、まさにトス神が言われた「新人類」、これは新しい文明を拓いていく新人類ですから、ものすごい力を持った人、若者を養成しようと思っていますので、それは期待してください。

H・T　ありがとうございました。

アトランティス文明の大導師・トス神が、現在育ちつつある新文明の担い手について語った『トス神降臨・インタビュー　アトランティス文明・ピラミッドパワーの秘密を探る』（大川隆法著、幸福の科学出版刊）。

## 受動的ではない「発信型」の人間

司会　教師と学生が、一緒に大学をつくっていく、その経験がフロンティア精神につながるというお話でしたが、さらに、具体的にお伺いします。幸福の科学大学という新しい大学を、生徒も一緒にゼロからつくりあげることで、いったい、どのような人格の強み、新たなプラス・アルファを、自分につけ加えることができるのでしょうか？

九鬼　はい、分かりました。これは、結局、「能動的《のうどうてき》な人間になれる」ということだと思うんですよ。これは大事なことです。

「能動的な人間」というのはどのような人かというと、例えば、授業での受身《うけみ》な態度だけではなく、自分から先生に「これはどういうことですか？」と質問するような人のことをいいます。

単に質問するだけでなく、「これは間違っているのではないでしょうか」「自分はこう思うんですけれど」というふうに意見を言って、「発信型人間」になるということになります。

ですから、「受動型人間」から、「発信型人間」になることで、何が変わるかというと、世の中に与える影響が変わってくるんですよ。

これは大きな違いで、日本の社会人は、どちらかというと、「会社のなかで、おとなしくしていたほうがいい」と思われていますが、そうではなくて、幸福の科学大学からは、もっと発言をして、どんどん文化を変えて、「よいほうに持っていこう」という気持ちのすごく強い卒業生が出てくると思うんですね。

それは、授業のなかでも、活発な「アクティブ・ラーニング」として行われて

アクティブ・ラーニング：教員による一方的な講義形式の教育ではなく、ディベートやグループ・ワークなど学修者の能動的な参加を取り入れた教授・学習法の総称。学修者の汎用的な社会的能力の育成を図る。

いくと思います。

## 女性への教育は、どのように考えているか

H・T　幸福の科学大学では、女性の教育については、どのように考えているんでしょうか。

九鬼　教育における男女差は、そんなに大きく捉《とら》えてはいません。男性だから、女性だからというのではなく、やっぱり未来を開拓する精神というのは男女一緒だと思うんです。そういう意味で、そんなに大きな差をつけて教育しようというふうには考えていません。

ただ、残念なことに、教員については、国のほうが、実績のある先生じゃない

と、なかなか認めてくれないので、幸福の科学大学の現時点での教員予定者の男女比率は、やっぱり男性のほうが圧倒的に多く、女性のほうが少なくなっています。女性の教員が少ない状態での開学なので、今後はできるだけ女性教員を増やしていきたいと思っています。

学生のほうは、男女半々か、もしかしたら女性のほうが多いかもしれません。特に文系においてはそうなので、女性パワーを使っていってもらいたいと思います。

そもそも、日本の文化・風土には、繊細《せんさい》さがあるじゃないですか。繊細で緻密《ちみつ》なところがあるので、日本は、やっぱり女性の美徳や力が発揮しやすいところだと思うのです。そういう意味で、文系でも理系でも、「女性ならでは」というものが出てくるように、女性の才能を開花できるのであれば、そうしたいと思っています。

ですから、男女別に教育方針を大きく変えるという考え方は、今のところ持っていませんよ。

# 4　幸福の科学大学が目指す授業とは

## 既存の大学に対する学生の素朴な疑問

九鬼　私から逆に質問したいのですが、皆さんの勉強している早稲田大学や慶應義塾大学では、どのような授業が行われていますか？

K・M　そうですね。慶應義塾大学の場合ですと、授業というのは、けっこう大教室で行われるものが多いんですね。

九鬼　はい。

K・M　それで、慶應義塾大学の文学部は、いわゆる〝楽単《らくたん》〟というふうに呼んでいるんですけれど、つまり、けっこう楽に単位が取れる授業というのが多いんです（笑）。

九鬼　ああ、なるほど。

K・M　それで、大教室に行って、せっかく授業を受けても、声が小さくて先生の話が聞こえないんですよね。

九鬼　何人ぐらいなの？

K・M　五、六十人ぐらいの授業が、けっこう多くて。

九鬼　ああ、それでも聞こえない？

K・M　そうですね。多いところでは、もう、百人以上のところもあるんですけれど。でも、五、六十人の授業でも、全然、聞こえないところが多いです。それに、せっかく前のほうに行って、一生懸命、先生の話を聞いて、メモなどを取っても、もうすでに自分は知っているようなことを、繰り返しているだけだったり……。

九鬼　うーん。

K・M　そうなると、例えば、その先生の授業を聴いている時間、本を読んだほうが、自分の勉強になるんですよね。

ですから、今の大学の授業を受けていて、「本当に自分のためになっているのかな」と、疑問に感じています。

それで、けっこう、少人数の授業などに行っています。

九鬼　はい、はい。

K・M　学校側が、「この授業を取れば、本当に実社会に出て役に立ちますよ」と力を入れているものでも、「この九十分の時間を君たちにあげるよ。だから、好きなようにプレゼンしてみなさい」と言って、プレゼンの課題を生徒に与える授業があるんです。
それで、先生が最後に五分くらい、総括で偉そうに何かコメントするというふうな授業なのですが、ある意味、生徒に全部任せてしまって、先生が授業を放棄しているように見えるんですよね。

九鬼　ああ、なるほど。

K・M　「感想などを言う」というようなかたちの授業が、けっこう多くて……。本当に、自分たちで学んでいる感じが、全然しないんですね。今、そのような授業が行われていて、私は、ちょっと、不満を持っているんですけれども（笑）。

## 明日の授業が楽しみになる大学

九鬼　分かりました。

まずね、私は、幸福の科学大学に教員として来てくださる方には、「学生が眠くなるような授業はやめようよ」と言っています。当然なんですけどね。

それは、冗談ばかり言えということではなくて、やはり、興味や知的好奇心をずっと、かき立てるような、「ああ、明日は、どんな授業が受けられるんだろうか」と、楽しみにするような授業をしてほしいということです。それから、学生の熱意や発言、考え方、これらを引き出していくという授業です。

教育には、才能を引き出す力があるわけですから、そういう授業をやっていくようにしたいと思っています。

ですから、おっしゃっているような、「プレゼンテーションのスキルを学ぶ授業」も、もちろんあるんですよ。

幸福の科学大学でも、産業能率大学で教えていた先生が、そういう授業をやろうとしています。先ほど言われた、「放任」というかたちではありません。学生にやらせるだけではなくて、やはり、ちょっと筋道を立てながら、一つひとつプレゼンテーションスキルを高めていける授業の企画を立てています。

それから、生徒の皆さんにはアンケートを出してもらうつもりです。授業を受けられて、「こう思う」という意見や、「いやあ、ちょっと、やはりそうは言っても、結局、つまんなかった」とか、「こういう部分を改善したほうがいいんじゃないんですか」という意見は、幸福の科学学園でも、一学期に一回、行っていましたよね。

K・M　アンケートですね。

九鬼　ええ。あれを、やはり大学でもやりますので。アンケートを出してもらって、どんどん改善していこうと思っています。最初は、みんな、教えるほうも慣れないことをやりますから、ちょっと、つまずいたりすることもあるかもしれないけれども、どんどん言ってくれれば、善意に解釈して、改善に改善を重ねます。そういう大学だと思ってください。

それも「進化する大学」の一つですね。それでは、早稲田大学生のH・Tさんは、大学の授業について、どう感じていますか？

H・T　早稲田大学には、確かに素晴らしい授業もあります。ただ、私は、教職員の資格を取得する授業をとっているのですが、教職員の授業なのに、「就活《しゅうかつ》」

のことしか言わない先生がいます。何だか、「就活がすべてだから」みたいな感じの……。

九鬼　なるほどね。

H・T　そういう先生がいて、ちょっと、がっかりしました。

九鬼　はい、はい。まあ、「就活」も大事です。幸福の科学大学でも一年生から、そのための授業の企画はしていますが、就活のためだけだったら、やはり、ちょっと小さいですよね。

これは、先ほど言っていた、「試験のための勉強」みたいな感じになってしまいますから。たとえ就活のためであっても、やはり学問の楽しさ、喜び、加えて厳しさ、そういうものを勉強できるようにしたいなとは、思っていますね。

他にも何か質問はありますか？

## 〝結論のある〟白熱教室を目指す

K・M　お話を伺っていると、すごく、「生徒も参加できるような授業が多いのかな」と思います。

今、アメリカの「ハーバード白熱教室」というのが、日本でも話題になっていて、僕もこういった授業を見ていると「面白そうだな」と思います。

例えば、その授業では、「モラルジレンマ」の問題などを取り扱っているのですが、マイケル・サンデル先生の私見が最後に述べられるものの、「結局、答えはないんだよ」というようなことで終わります。白熱はするんですが、「何を学

モラルジレンマ：「5人を救うために1人を見殺しにするか、1人のために5人を犠牲にするか」といった、容易に解決できない倫理的板挟み状態のこと。

べたんだろう」みたいな疑問も結構あるかなと感じます。幸福の科学大学の授業は、そういう授業とは、どういったところが違うんでしょうか？

**九鬼**　うちも「〝白熱教室〟をやろう」ということで、精舎（幸福の科学の研修施設）でそのような企画をしています。

サンデル教授の白熱教室は、「考える力をつける」という方法論としてはいいと思うんです。ディベートをしながら、「あなたはどう思う？」「こういう問題と、それとは別の問題、これらはどちらも大事だよね？　どちらを取る？」と聞きながら、「でも、こういう問題もあるんじゃないんですか？」といった授業をやっていくのはいいと思うんです。

けれども、「白熱教室」が残念なのは、やはり結論が十分に出ていないということです。これは価値判断の部分なんですが、大学の学問のなかには、〝価値中立主義〟と言いますか、「価値判断自体をしないことで、学問が進歩していくんだ」というような考え方があるんです。それはそれで、一定の理屈としては分かります。ですが、落ち着かないですよね。やはり、「価値判断をして、そのあと、こんな結論がくるんだ」という責任をとらなければいけないんです。

価値判断しないことが、なぜ落ち着かないかというと、「そこに責任逃れが入っている」と思うからですよ。サンデル教授の白熱教室は、「これが正しいと思うんだ」と言ったら、そこには責任が生じますよね?

「あなたは、そう言ったね」「じゃあ、それでやってみて、もし間違ったら、あなたは責任を取るんだよね」ということを言われるわけですが、それを恐れて「これが正しい」ということを言わないことが、責任逃れになっていると思うわけですよ。

## 判断し、決断できるリーダーを育てたい

九鬼　学生が、そういう結論のない授業をずっと受け続けるとどうなるかというと、価値判断しない人が、社会にたくさん出てくるわけです。

例えば、「こういう問題について、あなたが言っていることは分かるよ」「うん、これは難しい問題だね」と言って終わりにされると、何が正しいのか分からなくなって困るではないですか。そういう「判断できない人」が、たくさん出てくるんですよ。

そうなったら、やはり、世の中が進歩していきませんし、仕事も進んでいきません。

ですから、どこかで判断しなければいけません。その「決断できる人」が、リ

ーダーなんです。

リーダーを十分に供給できてこなかったことが、今の日本の、経済やその他での停滞を招いている一つの原因だと思います。

やはり、判断をすべき人がしっかり判断をしなければいけません。また、判断できるリーダーを、たくさん育てなければいけないと思っています。

幸福の科学大学では、白熱したあと、必ず「結論」を出します。これは各教員にもお願いしていることですが、授業に「結論」を出します。「結論」から逃げません。

この「逃げない姿勢」を学生に見せて、学生たちに「自分たちも必ず結論を出して、その責任を負わなければいけないんだ」と思ってもらえるようにしたいと思いますね。

# 5 幸福の科学大学の価値基準とは

## 学問の奥にある「神の発明」とは

K・M　お話を伺っていると、「判断できる学生を育てたい」ということで、すごくいいなと思いました。僕も、判断するには、やはり価値基準が必要だと思います。幸福の科学大学は、どのような価値基準を持っておられますか？　大学が持つ価値基準は、大学で教える学問の根本にもつながってくると思います。

また、今、他の大学が考えている学問の根本のところと、幸福の科学大学が考えている学問の根本のところとには、どういった違いがあるんでしょうか？

そこで、「幸福の科学大学からどういった価値基準が生まれるのか」ということも、教えていただきたいと思います。

九鬼　そうですね。K・M君は、慶應義塾大学で、「わが校は、こういう価値基準です」と教えられたことは、何かありますか？

K・M　それが、僕自身も分からないんです。大学としては、「授業などの機会をいろいろ提供するから、勝手に自分で判断してくれ」というスタンスだと思うんですよね。なので、何か、学生個々に〝放り投げ〟られているような……。

九鬼　〝放り投げ〟られている感じがする？

K・M　そういうふうに思います。

九鬼　たしかにそうかもしれませんね。それに、K・M君は一年生ですから、そういう感覚は強いのでしょう。やがて、二年生や三年生になると、それに慣れてきて、「まあこんなもんだ」というふうに思って、卒業していくのが普通だと思うんです。

ただ、大学が〝放り投げ〟ている理由ももちろんあって、「自分がそういう部分での選択を迫られて、自分で考えるということも、いい経験だ」ということでしょう。それに、価値基準を最初からあまり明確にしないことによって、自由が生まれます。その自由のなかで、物事を考えていくということも、大事なことだとは思います。

けれども、最終的に、学問の価値基準をずっと突き詰めていくと、それは結局、この地球を創られた神様の考えになるわけです。

例えば、「人を殺してはいけない」などというのは、当たり前の常識だと思います。しかし、神様を抜きにしては、「なぜ人を殺してはいけないか」ということをいくら説明しても、説明がつかないんです。

やはり、「神様が人間を創られたんだから、その神様が創った人を殺《あや》めてはいかんだろう」というほうが、話は単純で分かりやすいですよね。

ちなみに、「神の三大発明」って、知ってます？　大川隆法総裁の『ユートピアの原理』〈大川隆法著、幸福の科学出版刊〉で説かれているんですが。どうですか、D・S君？

D・S　いやあ（笑）、えっと……。「時間」

『ユートピアの原理』
大川隆法著
幸福の科学出版刊

と……。

九鬼　うん、正解。時間と？

D・S　空間。

九鬼　空間もそうですね。「念いによる創造」が正解ではあるんですけど、空間も創造されたということでこれもよしとします。うん。

D・S　あと、もう一点ですか……（笑）。

## 神が定めた「幸福」という価値基準

九鬼　もう一個が大事なんです。「時間」と「空間」だけだと、どんな世界が展開してもいいことになりますね。これが、今の「価値判断しない世界」なんですよ。

ところが、神様は、そこに「方向性」を入れたわけです。方向性とは、「これが正しいんだ」というものですね。

「方向性とは何なのか」ということですが、私たちは、それを「幸福」と捉えているんです。「発展」という説明もできるのですが。そして、その神の考える幸福を探究しようと考えています。

幸福というものは、「ある種の正しさが具体化したものだ」と言ってもいいかもしれません。神様は、「こういうふうになれば、人間は幸福なんだ」というものをイメージされています。それは、もう既に〝ある〟わけです。人間が一人で存在していたら、幸福感はあまりありません。なので、いろんな人たちと一緒に存在しているわけです。

ですが、それぞれが自由でなかったら、また幸福ではありません。自由であって、いろいろな考え方を持っている人たちと進歩していく。そして、調和していく。その両方が、「幸福」と思われるのです。

そういう人間の幸福というものは、人類の歴史のなかで、いろいろなかたちで追い求められ、学問化されてきたものがあるわけですから、それはそれで、「人類の英知」としてしっかり学んでいきたいと思っています。

そしてさらに、未来の社会を描いた上で、「どういうふうにしていったら、人々を幸福にできるのか」ということを考える――。そういう学部が、人間幸福学部なんですね。

そういうふうに考えていただくと、「ああ、そういう価値基準なのか」「そういう目的で勉強していったら、きっと、いろんなことが学べるんじゃないか」と思えるのではないかと考えているんです。

D・S　ありがとうございます。

## チャレンジする人間、ワクワクする大学

M・K　私は、今、幸福の科学大学を目指して勉強している、M・Kと申します。よろしくお願い致します。

九鬼　はい、お願いします。

M・K　今、さまざまな大学とは違った、幸福の科学大学の魅力をたくさんお聞きしたんですが、もし九鬼さんが学生だったら、幸福の科学大学に行きたいと思いますか？

九鬼　もちろん、もちろん（笑）。もう、「自分がもうワクワクするような大学を創りたい」と思っていますからね。

M・K　幸福の科学大学には、どんなワクワク・魅力がありますか？

九鬼　今言ったように、「新しいものにチャレンジしていく」という気風を持った大学というのは、とても魅力的だと思います。

私自身、やはり「チャレンジ精神」というものを、もっともっと発揮していきたいなと思っていますから。

今、大学を創っていますが、私はチャレンジャーのつもりです。文科省の人にも「これはチャレンジなんです」ということを言っているんです。

そうすると、「あなたは責任者なんだから、チャレンジャーなんて言っちゃいけないんだ」「あなたには責任があるんだから、そういう挑戦もいいけれども、やはり、実際にできなければ困るんですよ」みたいな話も、言われたことがあります。

けれど、そういうときには、「いや、それは分かっています」とお答えしています。

もちろん、責任は背負ってやりますけれども、チャレンジしなかったら意味がないではないですか。そういうチャレンジをする人間が、この大学の設立過程でチャレンジせず、「あとでチャレンジするんだ」と言ったって、やはり説得力はないでしょう？

そういう気風というか、校風というか、そういうものは、大川隆法総裁が、ゼロから幸福の科学を立ち上げてきた部分と、非常に通じるところがあるのではないかなと思います。

そういう「ワクワクする大学」にしていきたいと思っていますよ。

## 有言実行の覚悟がある経営成功学部

D・S　では、次は、僕から質問させていただきたいと思います。

九鬼　はい。お願いします。

D・S　僕も、「幸福の科学大学に入学したい」と、今、勉学に励んでいるんですが、僕は、幸福の科学大学の経営成功学部に入学したいと思っています。この学部は、どういう学生が入ってくることを期待しているのでしょうか？　勉学以外では、どういうものに打ち込んだ学生がほしいのでしょうか？　そういうところを教えていただけたら、ありがたいです。

九鬼　はい。もう、今言われているように、勉学に打ち込んだ人もいいし、それから、勉学以外のことに打ち込んだ人でもいいんです。

私たちは、「経営学部」と違って、経営成功学部をつくろうとしているんです。これもチャレンジで、「何で学部名に『成功』なんて名前をつけるんですか」

と言われているんですよ。「経営成功なんて言ったら、失敗できなくなるじゃないですか」とおっしゃるのです。「『百戦百勝』と言うけれど、経営なんて、そんなに成功ばっかりしているわけじゃありませんよ」「世の中、七割の会社が赤字なんだから。そういう〝いかさま〟みたいなことを言っていいんですか」みたいな感じのことを、親切に教えてくださいます。

ところで、日本ではあまり美徳だと思われていないけれども、非常に大切な考え方に、「有言実行《ゆうげんじっこう》」というものがあるんです。

「何にも言わないで実行するのと、『こういうふうにやるんだ！』と言って実行するのと、どっちが立派ですか？」と言ったとき、やはり、言ってからやるほうが立派だと思います。

「有言実行のほうが、価値があるんだ」という考え方です。これは、幸福の科学で一貫して教えられている考え方でもありますね。

まあ、サッカー選手の本田圭佑《ほんだけいすけ》さんみたいなものですよ。「ビッグマウスだ」と言われても、「やはり、こういうことやりたいんだ」「絶対勝つんだ」と言って試合に臨む選手と、「勝つか負けるかは、やってみないと分かりません」「フィフティー・フィフティーですね」というふうに言って試合に臨《のぞ》む選手と、D・S君はどっちが勝つと思いますか？

D・S　それはもう、ビッグマウスではあっても、「絶対勝つんだ」って言う選手だと思います。

九鬼　そうでしょう？　ちなみにD・S君は、高校生のとき、何部でしたか？

D・S　実はサッカー部です（会場笑）。

九鬼　だからサッカーの話をしたんですけどね（笑）。サッカーで、「対戦相手が強くて、自分たちが試合したら、多分、三対〇ぐらいで負ける」と思っていたとしても、みんな最初に円陣を組んで、「やるぞ！　行くぞ！　絶対勝つぞ！」と言って試合にあたっていますよね？　そうしなかったら、実際、勝てないと思うんですよ。それに、そう言っていると、強い相手に勝てることもあるんです。

しかし、今の日本の風土のなかには、「それを大学が言っちゃいけない」という感じがあります。

要するに、これを変えようと思ってるわけなんです。「それでいいんですか？」「それだったら、今の延長線上のところにしか行きませんよ」「二〇五〇年、あるいは二〇六〇年の日本は、人口一億人を維持するのが精一杯の世界ですよ」「現状を本当に変えていこうと思うんだったら、やはり有言実行をしていかないといけないんじゃないんですか?」ということを言っているわけです。

経営成功学部という学部名のなかに、なぜ「成功」という言葉を入れているかといいますと、「経営を成功させる」という言葉のもとに勉強した学生が、「卒業して、社会に出て行く」となったら、「あなたは、どの大学で、何を勉強したの?」と聞かれます。その経営成功学部の学生は、「幸福の科学大学の経営成功学部を出ました」と答えるでしょう。

すると、「ええ⁉ 経営成功学部か。じゃあ、あなたは失敗できないね?」などと言われるかもしれません。そのときに、「そうです。失敗できないんです」と言う卒業生を生み出したいと思っているわけなんです。そうすると、責任が生じるんですよね。

「僕は、経営成功学部を出ました」と言う人と、「経営学部を出ました」と言う人と、どちらが成功するかというのは、さきほどの「サッカーの始まる前に、『絶対に勝つぞ！』と言っていたほうが勝つ可能性がある」というのと、同じ話なんです。

経営成功学部を出た人のほうが、「自分は成功しなきゃいけない」というオブリゲーション（義務）を感じている分だけ、一生懸命勉強します。そして、一生懸命仕事をします。

「自分がこれを失敗したら、幸福の科学大学の経営成功学部の名折れだ」「これはちょっと、神仏に申し訳ない」というふうに思ったら、一生懸命やります。これが、成功するためにはすごく大事なポイントで、つまり「有言実行」なんです。これはすごく大事なポイントですね。

みんな、これから逃げているから、「成功でも失敗でもどっちでもいい」という話になってしまい、結局、「会社の七割が赤字」という世界に入っていくことになります。

まあ、「成功・失敗の確率はフィフティー・フィフティーで、節税したいという人がいる分、赤字が増えて、七割赤字になっている」と私は見ているんですけれども、しかし、「それでは駄目だ」と思うんです。

今の「会社の七割が赤字」という状況を変えていくためにも、有言実行で教えなければならないし、学士という学位を与えるときに、学生を「経営成功学部卒」にしなければいけないわけです。

ということは、教授陣にも、「卒業生が、実際に経営を成功させるように教えなければ！」というオブリゲーションが発生します。

これがまた、「経営学部」と決定的に違っているところです。

経営学部だと、卒業生の活躍の結果は、失敗しても成功しても、同じです。「大学としては、やるだけのことをやりました」という話で終わってしまいます。

やはり「成功に責任を持つ」ということ、教え方に、やはりオブリゲーションを負います。

従って、それだけ研究し、それだけ考え、伝える内容にも、やっぱり、力がこもります。

そういうふうになっていくと思います。ここが大きな違いなんです。

そういう意味で、経営成功学部自体がチャレンジャーでもあり、卒業生の成功を求めていきます。

その成功というのも、自分だけの成功ではありません。目指すは、皆さんの母校・幸福の科学学園が掲《かか》げている、「高貴なる義務を感じるリーダー」の育成です。

ですから、そういうリーダーでありたいという強い思いを持って、努力精進をしてくれている人であれば、私は、「経営成功学部に来る資格はある」と思いますよ。

D・S　ありがとうございます。

# 6 なぜ、経営成功学部で信仰を学ぶのか

## 「成功」には「利他」の意味が込められている

D・S 「経営成功学部は、すごい人材を輩出できそうだな」と感じました。加えて、「経営成功学部において、経営を成功させるために、なぜ信仰が大切なのか」というところについて、教えていただけたら嬉しいです。

九鬼 はい。分かりました。

お答えはいくつかあると思うんですが、成功の概念のなかに、「自分だけの成

功を望むんじゃなくて、他人も成功させる」「人々を幸福にするための成功なんだ」というものがあります。利自即利他《りじそくりた》の精神、仏教的には「自利利他円満《じりりたえんまん》」と言いますが、こういう考え方が、「成功」のなかに入っているわけなんです。

もう一つが、「この世だけで成功するのではなく、『この地上を去ったあとも成功』となるような人生を生きたい」という、「この世とあの世を貫いている成功」というものが、宗教的にあるわけです。

これを信仰としてしっかり持って成功を求めているのと、そうではなく、「黒字になればいいんだ」「儲《もう》かって大きくなればいいんだ」と思っている成功と、どちらが、神様からの助力を得られるかと言ったら、答えは明らかではないでしょうか？

D・S　そうですね。

## 繁栄を否定してきた伝統宗教の信仰

九鬼　ですから、こういった「人々を幸福にするための成功」「この世とあの世を貫く成功」というものを求めていきたいと思っていますし、そのことが、実は、本当の意味での幸福につながるんだということです。

『成功して不幸になる人びと』〔ジョン・オニール著、ダイヤモンド社〕という本があります。

そこには〝キャパオーバー〟になったというところもあるんでしょうが、「あまりにも成功しすぎたがために、かえって不幸になる」ということが書かれてあるんです。

成功して得た地位や名声、お金などの「富」を受け止められなくなって、人をおとしめたり、自分自身の人生を堕落に導いたりする方向で、その富を使ってしまうということがあるんです。

そういうことがままあるので、古来より宗教では、金銭に対しての欲望というものを「執着《しゅうちゃく》」として否定するという考え方が、繰り返し出てきましたよね。仏教の「執着を去れ」という教えのなかにも、それに通じる部分もありました。キリスト教であれば、「金持ちが神の国に入るよりも、ラクダが針の穴を通るほうがまだ易《やさ》しい」というような言葉のなかにも、表れていると思います。

そういう考え方は、一面では真理ではあろうかと思いますが、本当の繁栄というものをつくっていくには、足りない考え方があります。「本当の成功というものは、一体何なのか」というものをしっかり見極める意味で、やはり、経営と信仰は切り離せないと思っているのですね。

もちろん、幸福の科学大学は、信仰を持った人たちのためだけに創るわけではなく、公共財として、「社会にこの学問を提供したい」と思っています。ここで学んでいくと、「やはり本当に成功するためには、信仰が大事なんだな」ということを、自分で自覚できるような内容は、提供できるかなと思っています。

## 経営成功学部での学びとＭＢＡの違い

Ｄ・Ｓ　ありがとうございます。あと、日本でも、アメリカでも、起業する人たちの多くは、アメリカの大学のＭＢＡ（経営学修士）を取ると思うんですが、幸福の科学大学でも、起業の方法を教えると聞いています。ＭＢＡとの違いがあれば、教えてください。

九鬼　ＭＢＡについては、幸福の科学学園の現理事長、木村智重《きむらともしげ》もＭＢＡを取っているので、あんまり〝悪口〟を言うといけないのですが（会場笑）。
『「経営成功学」とは何か』（大川隆法著、幸福の科学出版刊）という、大川隆法総裁の著作のなかで、同様の質問に対する総裁からの答えにもありましたし、アメリカの経営学者ピーター・ドラッカーの教えのなかにも、「ＭＢＡというのは、少し問題がある」というふうに言われている部分があります。

それは何かと言うと、ハーバード大学のビジネススクールなどでは、ケーススタディーをよくやっているようなんですが、その「ケース」というのが、過去のものなんです。そして、「過去のケースではこうだった」というものを積み重ねて、それを勉強するんです。

それは、別に、悪いことではないと思います。けれども、ケーススタディーと同じ問題

『「経営成功学」とは何か』
大川隆法著
幸福の科学出版刊

というものは、起きる場合もありますが、起きない場合もありますね。

大事なのは、「誰も経験してこなかったようなことが出てきたときに、どう判断するか」ということなんです。

しかし、ＭＢＡで勉強すればするほど、「以前はこうだった」と、物事を過去の延長線上で捉えやすくなるんです。

これは、すごくジレンマになるのです。過去のケースを勉強することは、いいことです。けれども、それにあまりにも縛られると、新しい事態に対応できなくなる可能性が高くなります。

ＭＢＡでも、実践的な勉強もやっていると思います。ただ、アメリカに留学すると、英語の勉強も一緒にやらなければいけません。これは大変なことですが、大変なことをやればやるほど、やはりそれを活かしたくなるし、そこに引っ張られ、学んだものを捨てられなくなるんです。

ですから、問題の一つは、勉強すればするほど、ともすれば過去の事例に捉われすぎてしまうという点です。

そして、もう一つの問題は、「結局、成功することとは、一体どういうことなのか」という、成功論の部分が、あまりないという点です。

財務とか、会計とか、プラグマティックな勉強はやるけれども、「成功とは、一体どうやったらできるのですか」という部分が、特に教えられていないのです。これはもう、自分で、ナポレオン・ヒル等の著作を読むというようなことでやってくしかない世界です。それでは、やはり少し、欠けている部分があります。

このあたりを補うものを、幸福の科学大学の経営成功学部では、考えていきたいと思っています。

D・S　ありがとうございます。

# 7　幸福の科学大学の就職活動支援とは

## 企業の人事担当者が求める魅力的な人材とは

K・M　それでは、続いて、僕のほうから質問させていただきます。先ほど、慶應義塾大学文学部を出られた教授のお話のなかで、「大学の学問は学べば学ぶほど、就職に悪い」という話があったんですが、幸福の科学大学は、就職についてはどうなるのでしょうか。僕たちは、「ゆとり世代」でもあり、「就職はなかなか難しいのではないか」と言われている世代でもあります。

例えば、今、経営成功学部について伺ってきましたが、人間幸福学部や、未来産業学部といった学部では、どのような点が、就職に有利になるのでしょうか。「有言実行」であるとか、「英語に力を入れていく」とか、「〝発信型人間〟をつくっていく」という話もありましたが、就職支援等についても伺えればと思います。

九鬼　就職支援については、一年生のころから、該当する科目がありますので、ずっとやっていきます。今は、どこの大学でも、結構一生懸命やっていますし、それらと同じような科目のたたずまいにはなりますが、もっと丁寧にいきたいと思っています。「一体、自分の進路をどう考えるのか」、そして「それを実現するためには、どうしたらいいのか」を考えてもらいながら、クッキリと明確化できる就職支援にしていきたいと思っているんです。

結局は、どんな会社に勤めようが、どんな職業に勤めようが、「魅力的な人」

になったら成功するんです。要するに、「この人とお付き合いしたいな」と思う人になれたら、例えば営業に行って、車を売ろうとしても、買い手の方は、普通、「やはり魅力的な人から買いたい」と思うでしょう。ですから、魅力的な人にならなければいけないと思っているんです。

そういった、魅力的な人になる秘訣というものがあるんです。それは何かといったら、幸福の科学で教えている「与える愛の実践」なんです。「それは宗教ではないか」という話も、あるかもしれませんけどね（笑）。

けれども、これは、学生だって同じだと思います。知識を吸収する際は、結局、自分一人で努力しなければいけません。そういう努力精進の姿勢というのは、すごく大事なことなんですが、それだけではなく、自分が努力して得たものを、他の人にも与えていく。あるいは、相手に合わせていろいろアドバイスをする。そういう「他の人のために役に立つことを与えよう」といった「与える愛」を実践すればするほど、「この人のところに行くと、何かいいことがありそうだ」と思われるんです。

一方で、「この人……何か、奪われそうだな」っていう人、「『欲しい、欲しい』

と思っているようだな」という人、いるじゃないですか。

例えば、採用のときも、「自分を採用したら、こんないいことあるから採用しろ」と言って、「地位を上げてくれ」と言わんばかりの人と、「この人を採用したら、職場が明るくなって、すごく活性化して、いいことがありそうだな。みんなから好かれそうだ」と感じさせる人がいますよね。

そのどちらを採用するかというと、ちゃんとした人事担当者であれば、それは後者の魅力的な人材を採用すると思いますよ。結局、その「人間力」というべきものに尽きるんですよね。

これは、宗教大学としての利点を遺憾《いかん》なく発揮したいと思っているんです。

「他の大学ではできない人間力の養成」ということを、やりたいと思いますね。

D・S　宗教性が入ると、本当の意味で社会貢献ができる人間になるっていうことですね。

九鬼　そうです。そういう人は、魅力的ですよ。もう、女の子もいっぱい寄ってきますよ、たぶん（笑）。あ、ちょっと違うかな（笑）？

D・S　（笑）

九鬼　これは違ったかもしれませんねえ（笑）。

## 未来産業学部で学べる最先端の技術

司会　ここで、さらに、少し突っ込んでお伺いしたいのですが。

九鬼　はい。

司会　幸福の科学大学には理系の未来産業学部もあると思いますが、ここでは、就職にどう有利になってくるかっていうところも、お伺いできれば幸いです。

九鬼　分かりました。

文科省向けに出している資料には、理系分野に関する数字をいっぱい載せてあります。

それは何かと言いますと、「電気・電子、機械系のメカトロニクスという分野を中心に、産業技術を学びます」「そのメカトロニクスという分野は、これから伸びてきますよ」「二兆円ぐらいの産業になってきます。そのような見通しが出ています」「ここには、人材需要があります」というものです。

今、比較的、工学系の就職はよくなってきていて、〝引く手あまた〟な状態になっているんです。特に、電気と機械というのは、産業の規模が大きいので、他よりも人材に対する需要が高いんです。

未来産業学部では、最先端技術を学んでもらいます。

例えば、植物工場などについても学びますが、これには農学や電機などが融合した技術が必要です。

ですから、未来産業学部にも、農学系の先生がいます。

メカトロニクス：メカニクス（機械工学）とエレクトロニクス（電子工学）とを統合した学問分野、製品、産業。機械の駆動・制御に、マイクロコンピュータなどの電子技術を利用して、自動化・高性能化するもの。

しかし、植物工場は屋内でやりますから、ＬＥＤなどがないと、運営できないですよね？　そういう意味では、電気と、その制御《せいぎょ》技術が必要です。水などもそうですが、「制御系」というのは、メカトロニクスの中核的な技術なんです。こういうような勉強も、未来産業学部では、やっていきます。

ですから、実際に製品にしていく「要素技術」（製品などを製造する際に必要となる製造方法のこと）も併せた部分を、しっかり学んでいくところが、未来産業学部には入っています。

大学の四年間だけでなく、本当は大学院まで行かないと難しいところもあるのですが、未来産業までつなげていくための〝種〟を、努力して四年間でしっかりと植え込もうと思っています。

未来産業学部を卒業した理系の学生は、先ほど言ったフロンティア・スピリットの部分も含め、宗教性の部分を勉強することができます。

そういう部分をちゃんと押さえながらやっていったら、盛りだくさんなので、勉強が少し大変になるかもしれませんが、すごい人材ができますよ。未だかつていなかった人材が、できると思います。もしかしたら、トス神が言われていた、ある種の〝ミュータント〟にもなれるかもしれませんね。

## 技術を事業にできる「技術経営」の見識が学べる

司会 「技術を事業にできる。経営までできる」と言ったら、それはすごく魅力的ですよね。

九鬼 そうですよね？ だから、もう、未来産業学部もチャレンジそのものです。ですから、そういう意味でも、世間の需要にマッチはしているんですが、未来産業学部は、単なる就職を目指しているということではないんです。「未来産業を起こす」ということを、本当に考えているんです。そのためには、工学系の技術だけではなく、その技術をつかって、経営ができるぐらいの人間をつくりたいと思っています。

だから、技術経営についての先生を、二人ほど採用して、幸福の科学大学でやってもらおうと思っています。

一人は、早稲田大学の大学院で、技術経営を教えていた人を引っ張ってくる予定です。また、そこで学んでいた方も、准教授として引っ張ってきます。要するに、教員を二人つけて、技術だけではなく、経営的な観点も入れていくということです。

「日本は、技術で勝って、経営で負けている」という話があるんです。サムスンなどの電気関係でも、「技術では勝っているんだけれど、それをパッケージ化されて、うまいこと使われてしまう」「結局、最終的には、携帯でもなんでも、負けてしまう」ということです。

十分に研究した人が、その辺のことを教えることによって、「技術だけではなく、そのなかに経営的な要素を入れ、戦略を持ってやっていくことで、結局、勝ち筋に乗り、新しいものをつくっていけるんだ」ということを勉強できるような、ちょっと〝欲張り〟なプログラムにしております。

メカトロニクスだけだと、単なる「融合技術」です。これだけでも、大変なんです。普通は、「機械だけ」「電気だけ」であり、それを融合するだけでも大変ですが、それに「技術経営」を入れて、さらに「先端技術」までと言っています。

「これ、本当にできるのか」という意見もあって、今、それに対する打ち返しをつくり、「できるんです」と言おうとしているんです。

## 「宇宙産業」への貢献と期待

司会　理系分野の就職先として、宇宙庁に入りたいという学生の声もあるんですけれども。

九鬼　宇宙庁ですか。

司会　そういう宇宙産業に期待する学生もいると聞いているんですが、幸福の科学大学から、宇宙開発に貢献する新しい授業や、国に対する提言も出てきたりするのでしょうか?

宇宙庁：2014年６月、自民党から政府に提言された「国家戦略の遂行に向けた宇宙総合戦略」で提言された。内閣府の宇宙開発戦略本部の機能を強化して外局化、宇宙関係予算の一括計上が求められた。

九鬼　そうですね。みなさんは、宇宙人好きなんですか？

質問者一同　（笑）

K・M　そうですね。僕たちのなかに、宇宙人が何人かいるかもしれないんですけれども。

九鬼　（笑）（一同笑）。

九鬼　JAXAなどにもいたことがあり、「小型人工衛星を飛ばした」と言っている先生がおられまして、幸福の科学大学に来てもらおうとしているわけですが、あの先生と話していると、「宇宙人だ」という感じがしますね（一同笑）。

みなさんのなかには、その先生の授業を受ける方もいるかもしれませんが、「こんな高度な内容が、本当に理解できるんだろうか」と、若干の不安もあるんです（笑）。

まあ、大丈夫だろうと思っていますが。その先生の専門は、電気の分野なんですがね。

やはり、宇宙開発という夢は、持ちたいですよね。

莫大な予算がかかるので、最初は、割と地道に見えるものの、非常に応用性が効いて、すぐに効果が出そうなメカトロニクスの部分から始めますが、それを梃《てこ》に、もちろん宇宙開発までいきたいと思っています。

ですが、人工衛星は、ちょっとだけ飛ばします（会場笑）。期待してください。

# 8　部活動やサークル活動について

## 学生主体での多様な活動が可能

H・T　私は幸福の科学学園の第二期卒業生で、学園では部活動がたいへん盛んだったんですが、幸福の科学大学では、例えば、チアダンス部やテニス部など、部活動やサークル活動のほうは、どのように展開されるんでしょうか？

九鬼　本当は、幸福の科学学園のチアダンス部を、たった四年でアメリカの国際大会優勝に導いた桜沢顧問を、大学に引っ張りたいぐらいなんですけれども、それをすると幸福の科学学園の校長に叱られます（会場笑）。ですから、それは難しいと思っているんですが、コーチの人ぐらいは紹介したり、派遣《はけん》したりしてくれるだろうとは思っています。

幸福の科学学園のチアダンス部で頑張ってきた生徒たちは、幸福の科学大学に入ってきたら、けっこう自分たちでも主体的にやれるんじゃないかと思うんですよね。大学には、学園の体育館よりも大きな体育館がちゃんとありますから、そこで、どんどんやってもらえばいいと思っているんですよ（幸福の科学大学の建設予定地の図は、35ページ参照）。

大学生になると、学生主体で活動をすることができると思います。いちおう担当の教員は付けますけれども。

H・Tさんは、早稲田大学では何か部活をやっているんですか？

H・T　私は、アカペラサークルに所属しています（笑）。

九鬼　なるほど。教授などが合唱を指導することは別にないでしょう？

H・T　特にないですね。学生主体の活動です。

九鬼　それなら、幸福の科学大学でも、学生主体でやっていく形になるでしょうね。責任者は付けますが、ほとんど顔を出さなくても（笑）、みんなやっていくと思います。学生主体の活動

幸福の科学学園（那須本校）チアダンス部は、2014年４月の米国際大会で、中学がジュニアハイ・オープン部門、ジュニアハイ総合で優勝、高校がポン部門で準優勝し、創部４年で大きな成果を収めた。

で、コーチなどは紹介してもらい、呼んでくるなどすれば、どんどんできると思います。

大学のチアダンス部のほうが、中高生のよりも難しくて、競争は激しいでしょうね。「いったい誰の応援をするんだ」という話も出るかもしれません（笑）。大変だとは思いますが、やっぱり、自分たちでどんどんやっていけるようにしたいと思うし、そういう活動を促進していきたいですね。

また、幸福の科学大学は海に近いので、本当はマリンスポーツなんかもできるんだろうと思うんですよね。マリンスポーツができる教員も、今、予定していますす。夏には、体育の授業などでサーフィン……までやるとちょっと危ないかもしれないから、ボディーボードぐらいなら、できるかもしれません（会場笑）。こうしたシーズンスポーツもできるようにしようと思っています。

このように、部活動やサークル活動は、どちらかと言うと、「大学側がこれとこれを用意します」というのではなくて、学生のほうから主体的に、「こういうのをやりたいんです」と言ってもらって、どんどんつくっていけるような感じにもっていきたいと思っています。

もちろん、今までの延長線上の活動でもいいんですよ。サッカーであれば、幸福の科学大学には広いグラウンドがあります。幸福の科学学園のグラウンドの二倍ぐらいはありますので、サッカーと野球が同時にやれますよ。

テニスコートは、幸福の科学学園と同じくらいでしょうか。二面はつくります。大学から北のほうに少し行ったところに、白子《しらこ》町というところがあって、そこにはテニスコートがたくさんあります。白子には、私も大学時代、何度もテニスをしに行ったことがあります。東京都内から行けるぐらいですから、千葉県の同じ郡内にある幸福の科学大学からは近いので、すぐに行くことができます。テニスはいくらでもできることでしょう。

さらに言えば、キャンパス内には道路が走っており、現地では今でも、学生・生徒がよく走っています。あの辺りは平坦なので、アップダウンの練習はあまりできませんが、走りやすいらしいのです。陸上の長距離選手など、足に自信がある人は、駅伝大会への出場を目指してもいいかもしれません。

このように、体育会系の活動なら、やりたければいろんなことができます。文化系のほうも、そんなに広いスペースは必要ありませんので、もちろんやれますよ。今はまだ音楽室などがなくて残念なのですが、それは今後の話ということになります。合唱の活動ぐらいは、問題なくできると思います。

# 9 どのような入学試験が行われるのか

## ＡＯ入試について

Ｍ・Ｋ　部活動などについて、さまざまにお伺いできて、入学するのがとても楽しみです。私は今、幸福の科学大学の受験を目指して勉強しているのですが、入学するためには、どんな勉強をすればよいでしょうか。

九鬼　まず、幸福の科学学園の現役生の皆さんには、推薦制度が設けられる予定です。

卒業生に対しては、最初に受けられるのが、ＡＯ入試になる予定です。ＡＯ入試では、先ほどＤ・Ｓ君が語っていたように、「自分はこれをやってきた」「ここが自分の強みです」「この大学で、こういうところを伸ばして、こんな人間になりたいです」という自分の思いをつづってもらいます。それを面接で訴えていただき、高校時代の成績なども勘案して決めるというスタイルになります。

## 一般入試について

九鬼　それから、一般入試においては、Ａ日程とＢ日程の二つが予定されています。
Ａ日程のほうは、文系については英、国、社、それから社会の代わりに数学も選択が可能ということで、一般の入試にも近いでしょうか。それから理系の未来産業学部の場合は、英、数、理の三科目で一般入試が行われます。

もう一つのB日程は、受験期間の最後のほうの三月になりますが、英語と小論文での入試になります。小論文のほうは、未来産業学部だと理系的な素養を試すような出題が少しあります。

このようなかたちで、推薦制度以外にも、三つのチャンスがあり、どれかを受けたら、どれかを受けられないということはありません。ですので、それぞれ戦略を立てて、チャレンジをしていただいたらいいと思います。

まずは、自分の強みを何かアピールしていただき、「私が入学したら、こんなに素晴らしい勉強をして役に立ちますよ」というPRをしてもらえれば、就職活動の一つの練習にもなります。そこから始めて、あとはもちろん勉強はきちんとしていただきたいですね。幸福の科学学園を卒業している人は、それなりの勉強をしていると思いますが、入試までの一年間でそれを忘れないようにしながら受験勉強をしていただきたいと思います。

# 10 国際感覚を身に付ける上でも幸福の科学大学が有利

## ＴＯＥＩＣ九百点超えの人材には奨学金も検討

九鬼　特に、英語力は鍛えていてくださいね。幸福の科学大学では、かなり強く鍛えられることになりますから、ついていけなくなると大変です。ＴＯＥＩＣの試験を受けてもらい、成績を上から下まで全員分、貼り出しちゃおうかなって思っているんです。

質問者一同　えー（笑）。

九鬼　点数が九百点を超えたら奨学金が出ますよ。

D・S　それはモチベーションになりますね。

九鬼　なりますよね（笑）。また、幸福の科学大学創立者の大川隆法総裁がつくっている英単・熟語・フレーズ集「黒帯英語シリーズ」のテストなどで一定の点数を取ったら、本当に「黒帯」を進呈しようかという話も出ています。そうなったら、黒帯を巻いて学校に出てくる人も……。

D・S　それは恥ずかしいかもしれないです（笑）。

九鬼　（笑）そういうふうな面白いことも少し考えています。だから、英語は勉強しておいてくださいね。会話の勉強もされると思いますが、特に、文法と単語を、しっかりと勉強しておいてください。

## 欧米のエリートもうなる英語を身に付けるための授業

K・M　今、英語のお話が出ましたので、その点を、ちょっと突っ込んで伺いたいと思います。

　今、世界がグローバル化しているなかで、日本人の英語力の低下というのが、すごく言われ

黒帯英語シリーズとは、大川隆法総裁編著の英語上級者向け英単・熟語・フレーズ集（宗教法人幸福の科学刊）。2014年6月時点で、本シリーズだけで34冊が刊行、その他も含めると大川総裁の英語教材は180冊超に。

ているんですね。今後、アメリカが世界の超大国ではなくなっていき、日本がリーダー国になっていけるかどうか試されているなか、日本の国際競争力の低下についても、今、大変問題になっていると思います。
僕自身は、「日本の教育を海外に輸出したい」という夢を持っています。海外で活躍できるような国際感覚を持った人材になりたいなと思っています。

九鬼　おお！　いいですねえ。

K・M　日本が世界のリーダー国になっていく上で、海外で働ける世界のリーダーを日本からたくさん輩出していかなければなりません。僕もその一人になりたいのですが、そういう人材になる上で、幸福の科学大学で学ぶと、他の大学に比べてどんな点が有利なのか、そこをお聞きしたいのです。

九鬼　はい、分かりました。

今、文科省は、グローバル30（サーティー）やスーパーグローバル大学創成支援など、グローバル人材を育成するためのプログラムをいろいろと推進しています。その中身を見ると、大学のキャンパスにおいて英語で授業が受けられるとか、交換留学の制度が充実しているとか、制度の充実のところを文科省は進めているんですね。それはそれで大事なことだとは思います。

一方、幸福の科学大学は、新しい大学ですから、制度のほうを強みにしようとするのではなく、要するに、「英語の中身」で勝負しようと考えています。

これについては、先ほどの大川隆法総裁がつくられた教材が、ものすごくハイレベルなものになっています。「黒帯英語シリーズ」などは、欧米の文化人やエリートが、うなるような内容の英語を教えているんですね。こういうのを勉強していくと、やっぱり中身が違ってきます。

実際、英語力がそんなに飛び抜けていない教員が、英語で授業をやると、伝える内容のレベルが落ちることがあるんですよ。

皆さんもそうでしょう。日本語で伝えたいことがあるとき、日本語で言えば、いろんなことが言えますよね。ところが、「それを英語で言ってごらんなさい」と言われたら、とたんに言えなくなる。理由は、単語力や表現力が乏《とぼ》しいからです。

同じようなことが、大学のすべての授業を、無理やり英語化するときにも起こるんですよ。教員の英語のレベルによって、伝えられないことが出てくるわけです。

日本には、日本語なら理解できる人が多いのですから、日本語でちゃんと分かる人には日本語で授業を行い、日本語が分からない人には英語でやるクラスもある。そういうかたちでやっていったほうが、中身はちゃんと伝えられます。

学生の英語力のほうは、幸福の科学大学では、別途、鍛えるというかたちでいきたいと思います。そうしたほうが鍛える英語の単語や内容などが、全然違うハイレベルのものになっていくということです。

## ＴＯＥＩＣ満点の先を行く英語の実力を目指す

九鬼　例えば、日本で英語の勉強をしていても、聖書の言葉などはなかなか勉強できないと思います。それを勉強できるのはキリスト教系の大学だけでしょう。しかし、幸福の科学大学は、キリスト教系ではないにもかかわらず、聖書の言葉を勉強します。イスラム教についても勉強しますし、儒教の内容なども「黒帯英語シリーズ」のなかには、ちゃんと入っています。いろいろな内容を英語で表現したらどうなるのかということも勉強します。幸福の科学大学の強みとして、人間幸福学部においては、世界の宗教について学ぶ時間も設けられる予定です。こうしたことを「知っている」ということが強みになっていくでしょう。

宗教的教養の英語だけでなく、金融英語なども学べます。ウォール・ストリートで、今、交わされている会話の内容が理解できるような、また自分としてもそれを表現できるような英語なども、幸福の科学大学では教わります。

これらを勉強すれば、すごいことになりますよ。

ＴＯＥＩＣでは九百九十点が満点ですが、「黒帯英語シリーズ」では、そこが目的なのではなく、そのもっと先を見据えた勉強が、あらかじめできるわけです。

これは、幸福の科学が「この世とあの世を貫く幸福」を教えているために、信者が本当の意味での「予習型人生」をあらかじめ生きているのと同じです。

つまり、幸福の科学の「仏法真理」を学んでいる人は、今世の人生を生きている間に、「この世に生きている間の幸福や成功を全うする」ということのもっと先、すなわち、「死んだ後に、天上界のできるだけ素晴らしいところに還るための生き方」を、すでにしているということです。

志が高ければ高いほど、勉強の内容のレベルを引き上げる力が働く。

これはすべてに通じることであり、学問にも言えることです。

これが中心軸としてあるので、幸福の科学大学では、「だいたい学部レベルっていうのはこんなもんだ」などというような安易な〝常識〟――もちろん一般的な大学としてのレベルは知ってはいますが――そんなものに惑わされたり、安住したりするつもりはありません。

これは〝厳しい〟とは思います。しかし、これにチャレンジしたら、ものすごい力がつくでしょう。それは間違いないのです。

## 11　幸福の科学大学の使命と受験生へのメッセージ

### 過去の延長ではない新しい大学を目指す

司会　最後に、改めて九鬼さんから、幸福の科学大学の使命と幸福の科学大学を目指す受験生に対して、メッセージをいただければと思います。

九鬼　幸福の科学大学は、「未来志向型の大学」です。

もちろん、過去のこと、人類の叡智《えいち》は学びます。しかし、その延長線上に未来を描くのではない。新しい未来をつくっていく「未来創造型」の勉強をしていきたいと思っているのです。

そういう意味での開拓者精神──フロンティア・スピリットや、「私は、未来を背負って新しい時代を拓いていくんだ!」という思いが強い学生に、集まってきてもらいたい。

皆さんは、そういう使命を持って、今、地上に降《お》りている。

私は、そう信じているんですよ。

一人ひとり、性格も違えば、得意分野・不得意分野も違っています。それは違っていていい。そういう違った個性を持つ人たちが集まるからこそ、新しいものをつくっていける。そういう可能性を、皆さん一人ひとりが、持っているんです。

この可能性を引き出していくのが、新しい教育の力です。

新しい教育においては、幸福の科学で学ばれているエル・カンターレ信仰から始まる宗教性が、すごく大きな力を持ってくると思います。そういう力を、この幸福の科学大学では、ちゃんと使っていきたいんです。

私は将来が本当に楽しみです。フロンティア・スピリット溢《あふ》れる意気盛んな学生の皆さんに、ぜひ、来ていただきたい。そう思っています。

## 座談会を終えて――幸福の科学大学への期待

司会　ありがとうございます。では、四人の質問者の皆さん一人ひとり、ご感想をいただければと思います。

K・M　僕は、今ずっと幸福の科学大学についてのお話を伺っていて、「これは、ものすごい大学ができるんじゃないか」とすごく実感しました。自分がこのまま慶應義塾大学で勉強していたら、幸福の科学大学の学生には勝てないなと思いました（笑）。

　僕の今の夢は、日本の教育を世界に輸出したいということです。日本がこれから世界のリーダー国になっていく過程で、アジアやアフリカなどの貧しい国々の人たちに、日本の教育をもっと広めたい。でもそのためには、まず日本の教育から変えなきゃいけないと思うんですよね。

九鬼　うん、うん。

K・M　だから、僕自身も、幸福の科学大学が、これから新しい教育を、どのようなものにしていくかを、じっくり学ばせていただきたいと思っています。

　幸福の科学大学からは、未来に対して責任を持てる人たちが、たくさん出てくると思います。きっと、日本の教育を変えたいという思いを同じくする人たちも出てくるでしょう。そういう人たちとともに、僕もこれから頑張っていけたらなと思っています。

今日は非常に貴重な機会をいただいて、ありがとうございました。

九鬼　こちらこそ、ありがとうございます。

D・S　今回、九鬼さんご自身から、大学の魅力や学部の特徴などを教えていただけてよかったです。僕は幸福の科学大学の受験生として、これから一年間、本当に頑張っていこうという決意を固めることができました。

僕自身、先ほど「経営成功学部に入りたい」と言いましたが、将来の夢は、「経営者として、日本や世界を富で満たす」っていうことです。

経営者として、この経営成功学部の卒業生としての責任、「経営を成功させる」

っていう、その責任を持てる学生となるために、これから一年弱、入試に向けて、忍耐の時期、雌伏《しふく》の時期を頑張ります。

入学してからは、大学側と学生とが一体となって、新しい大学を創造していけるように頑張っていきたいと思います。

**九鬼**　素晴らしいですねえ。

D・S　ありがとうございます。

M・K　今日は、本当に貴重な機会をいただいて、ほんとにありがとうございました。

私は、今まで、特定の大学に対して、こんなに「ここに入りたい！」と思ったことはありませんでした。今日、幸福の科学大学の魅力や特徴を聞けて、楽しみになり、今は、絶対に幸福の科学大学に入りたいという気持ちになりました。

今、幸福の科学大学への入学を目指して浪人している人がけっこういて、みんながそれぞれ頑張っているので、私ももっともっと勉強し、成長して、絶対に幸福の科学大学に入りたいと思います。

私は将来、多くの人を救っていける宗教家になりたいと思っています。大学に入ったら全力で学んで、みんなを引っ張っていけるリーダーになれるように頑張りたいです。

私はもう、「未来は明るい」としか信じてないので、そのためにも大学を成功させて、人類の未来をうんと明るくしていきたいなと思っています。

ありがとうございました。

九鬼　はい、頑張ってね！

M・K　はい！

H・T　本日は、本当にありがとうございました。

私は今、早稲田大学に通っていて、いろんな人がいるので、たくさんの価値観を学べるんですけど、やっぱり幸福の科学大学では、さらに多くの新しい価値観をもっともっと学べるんだなあって感じられて、でも、そのことを、もっと一般の方々に知ってもらいたいなあと思いました。

九鬼さんが先ほど仰っていたように、「福祉の世界」はけっこう〝暗い〟部分もあると私も思うので、将来、そこに少し「光」を投じたいなと思っています。

将来、幸福の科学大学に、教育学部や福祉関係の学部を、新たに設置してもらいたいなあって思います。

九鬼　どんどん、広げようと思っていますよ。しっかり勉強して、合流してください ね。

H・T　ありがとうございました。

司会　本日は、「幸福の科学大学が目指すもの」というテーマで、いろいろとお話を伺いました。

本当に、夢や希望、たくさんの魅力が詰まった内容だったと思います。これから幸福の科学大学を目指す学生やご父兄の皆さまが、待ち遠しくなるようなお話でした。

幸福の科学大学が、教員と学生との協力体制のもとで、日本だけでなく、本当の意味で世界に貢献できるような大学になっていくことを、心から願っています。

本日は、ありがとうございました。

九鬼　ありがとうございました。

質問者一同　ありがとうございました。（会場拍手）

## あとがき

学生たちと対話をすることで、日本には新しい大学が必要だと改めて痛感しました。

今、日本に必要なのは、大きな構想と未来を変える意志です。

日本における少子化や低成長、世界的な貧困や紛争は、本当に避けられない未来なのでしょうか。私たちはそうは思いません。日本や世界が抱える課題を解決し、「幸福の探究と新文明の創造」を果たす人材を輩出するのが、幸福の科学大学（仮称・設置認可申請中）のミッションです。

未来を創るのは若者たちです。彼らのフロンティア・スピリットに、希望の未来を託したいと思います。今回の座談会で実際に学生たちと語り合うことで、その〝手応え〟を感じることができたのは、大きな収穫でした。私たちも、学生たちと一体となって、新しい時代を拓いていきたいと考えています。

本書の出版にあたっては、大川隆法・幸福の科学グループ創始者兼総裁のご指導の下、多くの方のお力添えをいただきました。対談相手を務めていただいた若者たちにも、これから大学を運営する上で、多数のヒントをいただきました。厚く感謝を申し上げます。

二〇一四年　六月一八日

学校法人幸福の科学学園副理事長（大学設置構想担当）

九鬼《くき》　一《はじめ》

## 『幸福の科学大学の目指すもの』参考文献

『トス神降臨・インタビュー　アトランティス文明・ピラミッドパワーの秘密を探る』（大川隆法著、幸福の科学出版刊）
『ユートピアの原理』（同右）
『「経営成功学」とは何か』（同右）
※左記は書店では取り扱っておりません。
幸福の科学の最寄りの精舎・支部・拠点までお問い合わせください。
『黒帯英語への道』（大川隆法編著　全十巻・宗教法人幸福の科学刊）
『黒帯英語初段』（全十巻・同右）
『黒帯英語二段』（全十巻・同右）
『黒帯英語三段』（①～④・同右）

著者＝九鬼 一（くき・はじめ）

1962年生まれ。早稲田大学法学部卒。共同石油㈱（現JX日鉱日石エネルギー㈱）を経て1993年に幸福の科学に入局。宗務本部長、総本山・日光精舎館長、総合本部事務局長、幸福の科学出版㈱代表取締役社長、大阪正心館館長、幸福の科学学園理事長などを歴任。現在、学校法人幸福の科学学園副理事長。幸福の科学本部講師として全国で行った説法・セミナーはすでに400回を超えている。また、出版社社長時代にはわずか2年で業績を3倍近くに伸ばしたほか、教団経営、学校経営で安定した実績を挙げ続けている。主な著作に『新しき大学とミッション経営』（幸福の科学出版、2014年）、『大学教育における信仰の役割』（幸福の科学出版、2014年）、『宗教と教育』（人間幸福学叢書、2014年）、「非営利組織の経営におけるトップ・マネジメントのリーダーシップについての学際的考察」（経営成功学研究会、2014年）などがある。

# 幸福の科学大学の目指すもの

## ――ザ・フロンティア・スピリット――

2014年6月26日　初版第1刷

著　者　九鬼 一
発行者　本地川 瑞祥
発行所　幸福の科学出版株式会社
〒107-0052　東京都港区赤坂2丁目10番14号
TEL（03）5573-7700
http://www.irhpress.co.jp/

印刷・製本　株式会社 堀内印刷所

落丁・乱丁本はおとりかえいたします


ISBN978-4-86395-492-2 C0037

## 大川隆法ベストセラーズ・大学教育の未来について

### 副総理・財務大臣
# 麻生太郎の守護霊インタビュー
### 安倍政権のキーマンが語る「国家経営論」

経営的視点も兼ね備えた安倍政権のキーパーソン、麻生副総理の守護霊が明かす、教育、防衛、消費増税、福祉、原発、ＳＴＡＰ細胞研究への鋭い見解。

1,400円

# 元大蔵大臣・三塚博「政治家の使命」を語る

政治家は、国民の声、神仏の声に耳を傾けよ！ 自民党清和会元会長が天上界から語る「政治と信仰」、そして後輩議員たちへの熱きメッセージ。

1,400円

# 文部科学大臣・下村博文守護霊インタビュー

大事なのは、財務省の予算、マスコミのムード!? 現職文部科学大臣の守護霊が語る衝撃の本音とは？ 崇教真光初代教え主・岡田光玉の霊言を同時収録。

1,400円

※表示価格は本体価格(税別)です。

**Noblesse《ノーブレス》 Oblige《オブリージ》**

「高貴なる義務」を果たす、
「真のエリート」を目指せ。

# 幸福の科学学園

## 中学校・高等学校（那須本校）

Happy Science Academy Junior and Senior High School

私は、
教育が人間を創ると
信じている一人である。
若い人たちに、
夢とロマンと、精進、
勇気の大切さを伝えたい。
この国を、全世界を、
ユートピアに変えていく力を
出してもらいたいのだ。

（幸福の科学学園 創立記念碑より）

幸福の科学学園 創立者
**大川隆法**

幸福の科学学園（那須本校）は、幸福の科学の教育理念のもとにつくられた、男女共学、全寮制の中学校・高等学校です。自由闊達な校風のもと、「高度な知性」と「徳育」を融合させ、社会に貢献するリーダーの養成を目指しており、2014年4月には開校四周年を迎えました。

Noblesse《ノーブレス》 Oblige《オブリージ》

「高貴なる義務」を果たす、
「真のエリート」を目指せ。

2013年 春 開校

# 幸福の科学学園
# 関西中学校・高等学校

Happy Science Academy
Kansai Junior and Senior High School

私は日本に
真のエリート校を創り、
世界の模範としたい
という気概に満ちている。
『幸福の科学学園』は、
私の『希望』であり、
『宝』でもある。
世界を変えていく、
多才かつ多彩な人材が、
今後、数限りなく
輩出されていくことだろう。

（幸福の科学学園関西校　創立記念碑より）

幸福の科学学園　創立者

大川隆法

滋賀県大津市、美しい琵琶湖の西岸に建つ幸福の科学学園（関西校）は、男女共学、通学も入寮も可能な中学校・高等学校です。発展・繁栄を校風とし、宗教教育や企業家教育を通して、学力と企業家精神、徳力を兼ね備えた、未来の世界に責任を持つ「世界のリーダー」を輩出することを目指しています。

# 幸福の科学学園・教育の特色

## 「徳ある英才」の創造

生徒は、教科「宗教」で真理を学び、行事や部活動、寮を含めた学校生活全体でそれを実修。ノーブレス・オブリージ（高貴なる義務）を果たす「徳ある英才」を育てていきます。

体育祭

## 一人ひとりの進度に合わせた「きめ細やかな進学指導」

熱意溢れる上質の授業をベースに、一人ひとりの強みと弱みを分析して対策を立てます。強みを伸ばす「特別講習」や、弱点を克服する「補講」や「個別指導」で、第一志望に合格する進学指導を実現します。

授業の様子

## 天分を伸ばす「創造性教育」

教科「探究創造」で、偉人学習に力を入れると共に、日本文化や国際コミュニケーションなどの教養教育を施すことで、各自が自分の使命・理想像を発見できるよう導きます。さらに高大連携教育で、知識のみならず、知識の応用能力も磨き、企業家精神も養成します。芸術面にも力を入れます。

探究創造科発表会

## 自立心と友情を育てる「寮制」

寮は、真なる自立を促し、信じ合える仲間をつくる場です。親元を離れ、団体生活を送ることで、縦・横の関係を学び、力強い自立心と友情、社会性を養います。

毎朝夕のお祈りの様子

# 幸福の科学学園の進学指導

## 1 英数先行型授業

受験に大切な英語と数学を特に重視。「分かる」(解法理解)まで教え、「できる」(解法応用)、「点がとれる」(スピード訓練)まで繰り返し演習しながら、高校3年間の内容を高校2年までにマスター。高校2年からの文理別科目も余裕で仕上げられる効率的学習設計です。

## 2 習熟度別授業

英語・数学は、中学1年から習熟度別クラス編成による授業を実施。生徒のレベルに応じてきめ細やかに指導します。各教科ごとに作成された学習計画と、合格までのロードマップに基づいて、大学受験に向けた学力強化を図ります。

## 3 基礎力強化の補講と個別指導

基礎レベルの強化が必要な生徒には、放課後や夕食後の時間に、英数中心の補講を実施。特に数学においては、授業の中で行われる確認テストで合格に満たない場合は、できるまで徹底した補講を行います。さらに、カフェテリアなどで、質疑対応の形で個別指導も行います。

## 4 特別講習

夏期・冬期の休業中には、中学1年から高校2年まで、特別講習を実施。中学生は国・数・英の3教科を中心に、高校1年からは5教科でそれぞれ実力別に分けた講座を開講し、実力養成を図ります。高校2年からは、春期講習会も実施し、大学受験に向けて、より強化します。

## 5 幸福の科学大学(仮称・設置認可申請中)への進学

2015年4月開学予定の幸福の科学大学への進学を目指す生徒を対象に、推薦制度を設ける予定です。留学用英語や専門基礎の先取りなど、社会で役立つ学問の基礎を指導します。

授業の様子

**詳しい内容、パンフレット、募集要項のお申し込みは下記まで。**

幸福の科学学園 関西中学校・高等学校

〒520-0248
滋賀県大津市仰木の里東2-16-1
TEL.077-573-7774
FAX.077-573-7775
[公式サイト]
www.kansai.happy-science.ac.jp
[お問い合わせ]
info-kansai@happy-science.ac.jp

幸福の科学学園 中学校・高等学校

〒329-3434
栃木県那須郡那須町梁瀬 487-1
TEL.0287-75-7777
FAX.0287-75-7779
[公式サイト]
www.happy-science.ac.jp
[お問い合わせ]
info-js@happy-science.ac.jp

仏法真理塾

# 「サクセスNo.1」

未来の菩薩を育て、仏国土ユートピアを目指す！

## 仏法真理塾「サクセスNo.1」とは

宗教法人幸福の科学による信仰教育の機関です。信仰教育・徳育にウエイトを置きつつ、将来、社会人として活躍するための学力養成にも力を注いでいます。

「サクセスNo.1」（東京本校戸越精舎内）

「サクセスNo.1」のねらいには、「仏法真理と子どもの教育面での成長とを一体化させる」ということが根本にあるのです。

大川隆法総裁　御法話『サクセスNo.1』の精神」より

# 仏法真理塾「サクセスNo.1」の教育について

## 信仰教育が育む健全な心

御法話拝聴や祈願、経典の学習会などを通して、仏の子としての「正しい心」を学びます。

## 学業修行で学力を伸ばす

忍耐力や集中力、克己心を磨き、努力によって道を拓く喜びを体得します。

## 法友との交流で友情を築く

塾生同士の交流も活発です。お互いに信仰の価値観を共有するなかで、深い友情が育まれます。

●「サクセスNo.1」は全国に、本校・拠点・支部校を展開しています。

| | | |
|---|---|---|
| 東京本校 | TEL.03-5750-0747 | FAX.03-5750-0737 |
| 名古屋本校 | TEL.052-930-6389 | FAX.052-930-6390 |
| 大阪本校 | TEL.06-6271-7787 | FAX.06-6271-7831 |
| 京滋本校 | TEL.075-694-1777 | FAX.075-661-8864 |
| 神戸本校 | TEL.078-381-6227 | FAX.078-381-6228 |
| 西東京本校 | TEL.042-643-0722 | FAX.042-643-0723 |
| 札幌本校 | TEL.011-768-7734 | FAX.011-768-7738 |
| 福岡本校 | TEL.092-732-7200 | FAX.092-732-7110 |
| 宇都宮本校 | TEL.028-611-4780 | FAX.028-611-4781 |
| 高松本校 | TEL.087-811-2775 | FAX.087-821-9177 |
| 沖縄本校 | TEL.098-917-0472 | FAX.098-917-0473 |
| 広島拠点 | TEL.090-4913-7771 | FAX.082-533-7733 |
| 岡山本校 | TEL.086-207-2070 | FAX.086-207-2033 |
| 北陸拠点 | TEL.080-3460-3754 | FAX.076-464-1341 |
| 大宮拠点 | TEL.048-778-9047 | FAX.048-778-9047 |

全国支部校のお問い合わせは、
「サクセスNo.1」東京本校（TEL. 03-5750-0747）まで。

メール info@success.irh.jp

# エンゼルプランV

信仰教育をベースに、知育や創造活動も行っています。

信仰に基づいて、幼児の心を豊かに育む情操教育を行っています。また、知育や創造活動を通して、一人ひとりの子どもの個性を大切に伸ばします。お母さんたちの心の交流の場ともなっています。

TEL 03-5750-0757　FAX 03-5750-0767
メール angel-plan-v@kofuku-no-kagaku.or.jp

# ネバー・マインド

不登校の子どもたちを支援するスクール。

「ネバー・マインド」とは、幸福の科学グループの不登校児支援スクールです。「信仰教育」と「学業支援」「体力増強」を柱に、合宿をはじめとするさまざまなプログラムで、再登校へのチャレンジと、進路先の受験対策指導、生活リズムの改善、心の通う仲間づくりを応援します。

TEL 03-5750-1741　FAX 03-5750-0734
メール nevermind@happy-science.org

## ユー・アー・エンゼル！（あなたは天使！）運動

障害児の不安や悩みに取り組み、ご両親を励まし、勇気づける、障害児支援のボランティア運動です。学生や経験豊富なボランティアを中心に、全国各地で、障害児向けの信仰教育を行っています。保護者向けには、交流会や、医療者・特別支援教育者による勉強会、メール相談を行っています。

TEL 03-5750-1741　FAX 03-5750-0734
メール you-are-angel@happy-science.org

## シニア・プラン21

生涯反省で人生を再生・新生し、希望に満ちた生涯現役人生を生きる仏法真理道場です。週1回、開催される研修には、年齢を問わず、多くの方が参加しています。現在、全国8カ所（東京、名古屋、大阪、福岡、新潟、仙台、札幌、千葉）で開校中です。

東京校 TEL 03-6384-0778　FAX 03-6384-0779
メール senior-plan@kofuku-no-kagaku.or.jp